Bibliografische Information der Deutschen Nationalbibliothek:

Die Deutsche Bibliothek verzeichnet diese Publikation in der Deutschen National-
bibliografie; detaillierte bibliografische Daten sind im Internet über http://dnb.d-
nb.de/ abrufbar.

Impressum:

Copyright © 2017 GRIN Verlag
Druck und Bindung: Books on Demand GmbH, Norderstedt Germany
ISBN: 9783668657007

Dieses Buch bei GRIN:

https://www.grin.com/document/414319

Mathis Jakobi

Der Autogenozid der Roten Khmer

GRIN Verlag

GRIN - Your knowledge has value

Der GRIN Verlag publiziert seit 1998 wissenschaftliche Arbeiten von Studenten, Hochschullehrern und anderen Akademikern als eBook und gedrucktes Buch. Die Verlagswebsite www.grin.com ist die ideale Plattform zur Veröffentlichung von Hausarbeiten, Abschlussarbeiten, wissenschaftlichen Aufsätzen, Dissertationen und Fachbüchern.

Besuchen Sie uns im Internet:

http://www.grin.com/

http://www.facebook.com/grincom

http://www.twitter.com/grin_com

Inhaltsverzeichnis

Einleitung

Vorwort

Diese Hausarbeit beschreibt den Massenmord am eigenen Volke (Autogenozid) im Zuge der Herrschaft der Roten Khmer. Das Zeitfenster in der diese Ereignisse spielen, bewegt sich im Bereich 1974 bis 1979.

Die Auswahl dieses Themas beruht in erster Linie auf meinem persönlichen Interesse an der jüngeren Geschichte sowie auch auf der Einzigartigkeit der Thematik. Die gesamte Ära der Roten Khmer ist eine Thematik, die vielen Europäern relativ unbekannt ist. Das liegt zum einen an der geographischen Entfernung, zum anderen daran, dass das Thema zum Zeitpunkt des Genozids durch die westliche Politik und der Medienlandschaft weitgehend ignoriert wurde.

Es ist also nicht von der Hand zu weisen, dass bei meiner Themenwahl die Hoffnung mitschwang aus einer eventuellen Uninformiertheit seitens der prüfenden Lehrkräfte Vorteile ziehen zu können.

Allerdings war das ausschlaggebende Argument meine persönliche Faszination zum Thema. Denn es zeigt wie schnell aus einer revolutionären Idee ein regelrechtes Massaker am eigenen Volk werden kann und wozu die ständige Destabilisierung einer Region durch fremde Mächte führen kann.

Hauptteil

Definitionen

Definition: Rote Khmer

Die Roten Khmer waren zu Anfang eine Guerillabewegung welche ihren Ursprung in der kommunistischen Partei Kambodschas hatte. Der radikale und hasserfüllte Kurs, welcher ihre spätere Regentschaft auszeichnete, entstand zum einen aus der Unterdrückung der Kommunisten in den davor herrschenden Regimes als auch dadurch, dass Kambodscha massiv unter dem Vietnamkrieg zu leiden hatte. Die roten Khmer sahen die Probleme Kambodschas in erster Linie in der hohen Korruption und dem Unterschied zwischen Stadt und Land sowie der weit verbreiteten Korruption unter Regierungsbeamten. In der Ideologie der Roten Khmer sind Parallelen zu anderen kommunistischen Regierungen zu erkennen.[1] Siehe Hauptteil.

Steckbrief Pol Pot

Pol Pot wurde 1925 als Soloth Sar in einem kleinen kambodschanischen Dorf geboren. Seine Eltern waren Großgrundbesitzer und galten für kambodschanische Verhältnisse als wohlhabend. Während seines Studienaufenthaltes in Paris kam er 1949 erstmals mit dem kommunistischen Gedanken in Berührung und trat der kommunistischen Partei Frankreichs bei. Als er im Januar 1953 nach Kambodscha zurückkehrte befand sich das ganze Land in einer Revolution gegen die französischen   Kolonialherren. Pol Pot trat der marxistisch-leninistisch Kampucheanischen Revolutionären Volkspartei bei. Von 1956 bis 1963 unterrichtete er an einer Privatschule. Zur selben Zeit begann er bereits einen Plan zur Revolution zu erarbeiten. Als Pol Pot zum Parteiführer aufstieg, begann er aus der Partei eine Guerilla-Armee zu machen.[2]

Ursachen

Unterdrückung der Kommunisten in vorherigen Regimes

König Shinouk und später das Lon-Nol-Regime versuchten energisch ein überspringen des kommunistischen Gedankenguts von Vietnam auf ihr Land zu verhindern. Dies zwang die Kommunisten in den Untergrund und führte sie in die Radikalität.

---

[1] https://en.wikipedia.org/wiki/Khmer_Rouge, Wikipedia, Abgerufen am 05.01.2017, 16:45 Uhr
[2] Pol Pot – Cambodian Dictator, International Inside, 2015

4

Destabilisierung durch Vietnamkrieg

Dass die Gruppe so groß werden konnte, verdanken sie vor allem der katastrophalen Indochina Politik der USA. Kambodscha wurde während des Vietnamkriegs vom Vietkong als Rückzugsgebiet genutzt und die wichtigste Versorgungslinie der Nordvietnamesen lief durch Kambodscha (Ho-Chi-Minh-Pfad).[3] Da König Shianouk sein Land aus dem Krieg heraushalten wollte, initiierten die Amerikaner einen Militärputsch und setzten Lon Nol, einen Armeegeneral, an die Spitze des Landes.[4] Nun stand niemand mehr der Säuberung des Landes im Weg. Um die Rückzugsorte der FNL zu zerstören warfen die Amerikaner innerhalb von 8 Jahren über Kambodscha mehr Bomben ab, als auf Japan im gesamten 2 Weltkrieg, diese Bombardements forderten 200.000 Leben.[5] Das Land versank im Chaos und viele Kambodschaner trieb es in die Armee der Roten Khmer.

Fremdherrschaften

Zu der Zeit befanden sich viele Kambodschaner in einer Krise des nationalen Identitätsgefühls. Diese wurde ausgelöst durch die Schwäche des kambodschanischen Staates, welcher schon vor der Kolonialisierung durch Frankreich mehr zwischen Laos und Vietnam aufgeteilt wurde als sich souverän hervorzutun. Darin liegt auch der übersteigerte Nationalismus der roten Khmer teilweise begründet.[6]

Unterschied zwischen Stadt und Land.

Der Unterschied zwischen Stadt und Land war tatsächlich ein großes Problem in Kambodscha. In einer Dissertation über die Wirtschaft Kambodschas von Pol Pots Chefideologe Khieu Samphan argumentiert dieser wie folgt: „In Kambodscha werden die Bauern durch die Grundbesitzer ausgebeutet. Deshalb besitzen sie kaum Geld und bilden keine Nachfrage. Die Grundbesitzer kaufen mit ihrem Einkommen Luxusgüter

---

[3] http://geschichte-forum.forums.ag/t351-kambodscha-unter-pol-pot-der-alptraum-der-roten-khmer-massenmord-am-eigenen-volk , Abgerufen am 07.01.2017, 15:35 Uhr
[4] Chandler, David P. , Brother Number One: A Political Biography of Pol Pot, Chiang Mai, Thailand, 2000: Silkworm Books, S. 96-7. (via PDF)
[5] Taylor Owen, Ben Kiernan: Bombs over Cambodia, The Walrus (Canada), Okt. 2006, S. 62-69. (via PDF)
[6]Chandler, David P.: Brother Number One: A Political Biography of Pol Pot, Chiang Mai, Thailand, 2000; Silkworm Books S. 12–15 (via PDF)

aus den Industrienationen, die sie importieren. Das nützt nur den Metropolen, aber unterbindet eine Industrialisierung in Kambodscha."[7]

Verlauf

Machtergreifung

Kambodscha versank in Folge des Militärputsches in einem langjährigen Bürgerkrieg. Mithilfe der Unterstützung Chinas gelang es den Roten Khmer weite Teile des Landes unter ihre Kontrolle zu bringen. Am Ende blieb nur noch die Hauptstadt unter Regierungskontrolle. Trotz mehreren fehlgeschlagener Invasionsversuche gelang es den Roten Khmer unter anderem mit Hilfe von tausenden Kindersoldaten letztendlich auch Phnom Penh einzunehmen und den Krieg so für sich zu entscheiden. Bei der Einnahme der Stadt kam es zu Massakern an der zivilen Bevölkerung.[8]

Zwangsumsiedlungen

Schon wenige Tage nach Machtergreifung begann die erste Instanz des Massenmordes am eigenen Volk. Ziel der roten Khmer war es, die gesamte Stadtbevölkerung aufs Land umzusiedeln. Dies wurde mit regelrechten Todesmärschen realisiert, bei denen tausende Menschen, vorwiegend Alte und Schwache, starben.

Umerziehung

Die Menschen wurden zur Arbeitern umgewandelt und mussten sich an strenge Regelungen halten. Sie wurden ständig überwacht und hatten so gut wie kein Freizeit. Arbeitszeiten von bis zu 12 Stunden täglich waren die Regel. [9]

---

[7] http://geschichte-forum.forums.ag/t351-kambodscha-unter-pol-pot-der-alptraum-der-roten-khmer-massenmord-am-eigenen-volk, Abgerufen am: 08.02.2017, 16:38
[8] Kellerhof, Sven Felix: Rote Khmer: Pol Pots Wahn forderte täglich 1400 Menschenleben, in: Die Welt (17.04.2015), via Online Portal
[9] Kranebitter, Andreas: Von Brillen und Schlangen: Der Diskurs über die Roten Khmer. Abgerufen am: 09.01.2017, 15:56

Vereinheitlichung

Um die Menschen jeglicher Individualität zu berauben, wurden sie gezwungen eine schwarze Einheitskleidung zu tragen. Auch Frisuren durften nur einheitlich sein.

Antikapitalistische und Antiintellektuelle Reformen

Bücherverbrennung
Jegliche Literatur, welche nicht ins ideologische Konzept der roten Khmer passte, wurde verbrannt. Der Besitz solcher Literatur wurde mit dem Tode bestraft. [10]

Festnahmen und Exekutionen
Anhänger folgender Gruppen wurden ohne Begründung verhaftet, gefoltert und exekutiert.

- Anhänger der vorherigen Regierung
- Intellektuelle – jeder der gebildet war oder ausländische Sprachen sowie Menschen die eine Brille benötigten (Begründung war, dass Brillenträger zu viel Zeit mit Lesen anstatt mit Arbeiten verbracht hätten)
- Musiker, Maler, Schriftsteller, Filmemacher
- Vietnamesen, Chinesen, Thailänder
- Christen, Muslime, Buddhistische Mönche
- „Wirtschaftssaboteure" als solcher galt man bereits, wenn man nicht die unrealistische Norm an Reis erreichte, welche gefordert wurde.

Verbot aller kommerziellen Aktivitäten
Bereits am Tage ihrer Machtergreifung plünderten die roten Khmer die Nationalbank in Phnom Penh und warfen das Geld auf die Straße. Die roten Khmer erklärten es als wertlos. Aller Konsumgüter sollten von nun an vom Staat verteilt werden. Die kommerzielle Fischerei wurde verboten, was für 80% Prozent der Bevölkerung den Verlust Ihres einzigen Lieferanten an tierischem Protein bedeutete. Schulen und Krankenhäuser wurden geschlossen. Westliche Medizin wurde verboten was zu einer großen Zahl an menschlichen Verlusten beitrug.

---

[10] Nyary, Josef: Bücherverbrennung: Fanal der Unfreiheit, in: B.Z (06.05.2013), via Online Archiv

Sicherheitsgefängnis 21

Definition

Das Sicherheitsgefängnis 21 (kurz S21) war das berüchtigtste unter den 150 Vollzugszentren des Landes. Ursprünglich handelte es sich bei dem Gebäudekomplex um ein Gymnasium in Phnom Penh. Die roten Khmer wandelten es in ein Gefängnis und Verhörzentrum um. Das Gelände wurde mit elektrischem Stacheldraht gesichert, die Klassenräume in kleine Zellen und Verhörräume unterteilt und Fenster verbarrikadiert. Von 1957 bis 1979 waren in dem Gefängnis schätzungsweise bis zu 20.000 Personen inhaftiert. Die Gefangenen wurden gefoltert und dazu gezwungen die Namen von Familienmitglieder oder engen Vertrauten preiszugeben. Diese wurden dann verhaftet, gefoltert und umgebracht. Ein großer Teil der Inhaftierten waren ehemalige Mitglieder des Lon Nol-Regimes also Soldaten, Beamte, Regierungsmitarbeiter aber auch Akademiker, Doktoren, Lehrer, Mönche etc. (siehe Festnahmen und Exekutionen). Später wurden in Pol Pots Wahn sogar Regierungsmitglieder inhaftiert.[11]

Genosse Deuch

Kang Kek Lew (Kampfname: Genosse Deuch) war der Aufseher des Sicherheitsgefängnisses. Er ordnete die Exekutionen von Insassen an und war für die Organisation des Tagesablaufs und die Versorgung der Insassen. Über die Zeit sagt er später: „Ich und alle anderen, die an diesem Ort arbeiteten, wussten, dass jeder, der dorthin kam, psychologisch zerstört und durch ständige Arbeit eliminiert werden musste und keinen Ausweg bekommen durfte. Keine Antwort konnte den Tod verhindern. Niemand, der zu uns kam, hatte eine Chance, sich zu retten." Eine persönliche Verantwortung sieht er trotzdem nicht: „Ich hatte keine Alternative", sagt er, „Ich habe gehorcht." Er sei „wie jeder andere in der Maschinerie" gewesen[12]

Regeln

Die folgenden 10 Regeln mussten im Sicherheitsgefängnis 21 beachtet werden. (Siehe Abbildung: *links*)

Beim Verstoß gegen diese Regeln drohten Schläge mit Kabeln oder Stromschläge.

---

[11] A History of Democratic Kampuchea (1975–1979). Documentation Center of Cambodia.
[12] Kloth, Hans Micheal: Interview mit einem Massenmörder. In: Spiegel Online. 11. Februar 2008.

Folter und Tötungssystem

In der Regel wurde man für zwei bis drei Monate in dem Gefängnis behalten. Zwei Tage nach ihrer Ankunft begann das Verhör der Insassen. Die Gefangenen wurden regelmäßig geschlagen und gefoltert. Bekannter Foltermethoden waren: das zufügen von Elektroschocks, Verbrennen mit heißem Metall sowie das Hängen bis zur Bewusstlosigkeit und das Einführen von Säure über die Nase. Einige Insassen wurden mit Messern verletzt oder mit Plastiktaschen erstickt. Andere Methoden um Geständnisse zu erwirken waren das Ziehen von Fingernägeln mit anschließendem Aufguss von Alkohol sowie Waterboarding. Frauen wurden von ihren Verhören vergewaltigt obwohl die im Widerspruch mit den Gesetzen der roten Khmer stand. Wenn die Verdächtigen gestanden, wurden sie sofort umgebracht oder zu den Killing Fields gebracht (Siehe Abschnitt: Killing Fields) [13]

Aufteilung der Mitarbeiter

Insgesamt arbeiteten 1700 Menschen in dem Gefängnis. 1400 davon waren einfache Arbeiter die Hauptsächlich für die Nahrungsproduktion in dem Gefängnis zuständig waren. Die restlichen Mitarbeiter waren in Einheiten unterteilt:

- Die medizinische Einheit: Sie war die gefürchtetste unter den Einheiten. Sie führten immer wieder grausame Experimente an Insassen durch. Dokumentiert sind 100 Tote. Insassen wurden ohne Betäubung Organe entnommen. Außerdem sind Experimente dokumentiert bei denen Insassen bis zum letzten Tropfen Blut ausgepumpt wurden um zu sehen wie lange sie überleben würden. Aufsässige Häftlinge wurden bei lebendigem Leibe gehäutet.[14]

- Dokumentationseinheit: Diese Einheit war für das Aufnehmen von Geständnissen zuständig, für das Schreiben von Zusammenfassungen und die Wartung von Akten. Eine Untereinheit war die Photographie-Einheit, welche für das Fotografieren von ankommenden Häftlingen, sowie von Häftlingen welche in Haft gestorben sind, zuständig war.

- Verteidigungseinheit: Sie war die größte der Einheiten und bestand größtenteils aus Teenagern. Ihre Aufgabe bestand im Bewachen der Insassen. Sie mussten

---

[13] A History of Democratic Kampuchea (1975–1979). Documentation Center of Cambodia.
[14] Malone, Andrew: The Englishman butchered in Cambodia's killing fields: The terrifying tale of the British tourist who blundered into horror of Pol Pot's Khmer Rouge. In: Daily Mail. 10. September 2009

sich an strikte Regeln halten. Es durfte zu keiner Interaktion mit Häftlingen kommen. Bei Verstoß kam es zur Inhaftierung.

- Die Verhöreinheit war in drei Gruppen unterteilt. In *political*, *hot,* und *chewing unit.* Die *chewing* Einheit wurde mit wichtigen Insassen beauftragt. Die *hot* Einheit durfte Folter und Misshandlung anwenden um Geständnisse zu erwirken. Der *cold* (*political*) Einheit war dies verboten, wenn sie kein Geständnis erwirken konnte, wurden die Insassen an die *hot* Einheit weitergereicht.

Killing Fields

Definition

Die Killing Fields waren eine Reihe von 300 Feldern auf denen die roten Khmer insgesamt 1,386,734 Gefangenen hinrichteten und in Massengräbern vergruben. Das bekannteste der Killing Fields ist Choeung Ek. Es befand sich 17 Kilometer vor Phnom Penh. Die meisten Gefangenen aus dem S21 landeten hier.

Hinrichtung

Um Munition zu sparen wurden die Opfer nicht erschossen, sondern mit primitiven Waffen wie Eisenstangen, Äxten, angespitzte Bambusstäbe, Feldhacken oder ähnlichen Dingen hingerichtet. Da die Stätte meist extrem überlaufen war, schloss man die Wartenden in einen Raum und beschallte diesen mit Musik, damit man die Schreie der Sterbenden nicht hören konnte.

Kinder

Die Familie eines Hinzurichtenden wurde in der Regel ebenfalls hingerichtet. Kinder und Babys wurden mit dem Kopf gegen einen Baum geschlagen bis sie tot waren. (siehe Abbildung: *rechts*)

Massengräber

Die Massengräber sind noch sehr gut zu erkennen. Durch den Regen werden regelmäßig Überreste der Opfer frei gespült und von den Mitarbeitern des heute dort befindlichen Museums aufgesammelt.

Der Baum an dem die roten Khmer die Kinder und Babys ihrer Opfer erschlugen.

Folgen

Opferzahlen

Genaue Opferzahlen gibt es nicht. Experten schätzen allerdings das sich die Zahl der Opfer zwischen 2 und 3 Millionen bewegt. Das sind rund 20% der damaligen gesamt Bevölkerung Kambodschas. Bei den Toten muss man jedoch in zwei Gruppen differenzieren. Zum einen ist da der Teil der von den roten Khmer direkt also durch Folter und Exekution umgebracht wurde und der Teil welcher indirekt durch die Reformen der roten Khmer starben. Beide Gruppen machten jeweils 50% der gesamten Todesopfer aus.[15]

Befreiung, Entmachtung und Verurteilung

Invasion vietnamesischer Truppen
Ende der 70er Jahre kam es wieder zu Grenzkonflikten mit dem Vietnam, ausgelöst durch die Plünderung von vietnamesischen Dörfern im Grenzgebiet seitens der roten Khmer. Aufgrund dieser Konflikte und den Bitten desertierter roter Khmer, sah sich der Vietnam gezwungen in Kambodscha einzumarschieren. Im Dezember 1978 begann die Offensive und schon im Januar 1979 war das gesamte Land unter Kontrolle des Vietnams. Die Vietnamesen richteten eine Marionettenregierung ein. Unter anderem die USA und die Bundesrepublik kritisierten den Einmarsch.

Befreiung von S21
Mit der Machtergreifung der Vietnamesen kam es auch zur Befreiung des Sicherheitsgefängnisses. Jedoch hatten die roten Khmer die meisten der Insassen noch in letzter Minute umgebracht. Nur 7 Insassen konnten lebendig geborgen werden. Das Gebäude ist mittlerweile ein Museum.

Kampf im Untergrund
Die meisten der Führungskader der roten Khmer konnten sich in den Untergrund absetzen. Mit der Zeit erlangten sie wieder Kontrolle im Grenzgebiet zu Thailand. Nachdem die Marionetten-Regierung der Vietnamesen durch eine Koalition von USA, China und der ASEAN-Staaten gestürzt wurde. Wurden die roten Khmer wieder in die Übergangregierung mit einbezogen. Dazu äußerte sich die britische Premierministerin Margaret Thatcher wie folgt: „Sie werden also feststellen, dass die Vernünftigeren

---

[15] Bruce Sharp: Counting Hell: The Death Toll of the Khmer Rouge Regime in Cambodia: http://www.mekong.net/cambodia/deaths.htm

unter den Roten Khmer eine gewisse Rolle in der zukünftigen Regierung spielen werden müssen, jedoch nur eine mindere Rolle. Ich teile Ihr äußerstes Entsetzen, dass diese furchtbaren Dinge in Kambodscha vor sich gegangen sind." (Zitat aus dem Englischen übersetzt) Als die roten Khmer sich allerdings weigerten sich nach den Bestimmungen des Pariser Friedenabkommen entwaffnen zu lassen, brannte der Bürgerkrieg erneut auf. Gleichzeitig kam es zum inneren Verfall der roten Khmer. Pol Pot wurde als Verräter zu lebenslanger Haft verurteilt. 1998 kapitulierten die roten Khmer, da interne Parteisäuberungen tausende der eigenen Leute vernichtet hatten. [16]

Das rote Khmer Tribunal
Am 3. Juli 2006, 27 Jahre nach den Ereignissen in Kambodscha wurde das rote Khmer Tribunal gegründet. Es ist zusammengesetzt aus internationalen und kambodschanischen Richtern. Seine Aufgabe ist das Untersuchen und Aburteilen der Geschehnisse in Kambodscha im Zeitraum von 1975 bis 1979.

- Der Leiter des Sicherheitsgefängnis S21 Kaing Guek Eav wurde zu 35 Jahren Haft verurteilt. Diese Haftstrafe wurde jedoch in einem Revisionsverfahren auf lebenslänglich erhöht.
- Vier weitere hohe Funktionäre wurden ebenfalls zu langjährigen Freiheitsstrafen verurteilt.
- Zwei weitere Verfahren laufen noch. [17]

Pol Pot stirbt am 15. April 1989 in Anlong Veng.

[16] Morris, Stephen J. (Jan 1, 1999). Why Vietnam Invaded Cambodia: Political Culture and the Causes of War. Stanford University Press.
[17] Agence France-Presse: Cambodian court upholds life sentences for Khmer Rouge leaders, The Guardian (2016)

Schluss

Fazit

Mit ein Grund für die Auswahl dieses Themas war ja wie bereits oben genannt, meine persönliche Feststellung, dass das Thema rote Khmer in der westlichen Welt relativ wenig bekannt ist und das obwohl es sich ja immerhin um einen Genozid, handelte welcher knapp 3 Millionen Menschen das Leben gekostet hat. Die Grausamkeit und tödliche Willkür in der dieser Genozid stattgefunden hat war mir nicht bewusst. Doch umso mehr ich darüber erfuhr umso mehr Parallelen zur deutschen Geschichte sind mir begegnet. Auch Hitler versuchte 1923 das Chaos in der Weimarer Republik zum Machtergriff zu nutzen. Zwar vergeblich, allerdings gelang es ihm einige Jahre später. Auch die Grausamkeit und Willkür in welcher die Nazis ihre KZs betrieben, findet man auch bei den roten Khmer wieder. Doch im Unterschied zu den roten Khmer mussten die Nazis am Ende auch büßen. Die roten Khmer hingegen wurden lange Zeit von den USA und ihren Verbündeten in Schutz genommen. Die meisten der roten Khmer wurden nie für ihre Taten belangt. Das ist meines Erachtens ein Armutszeugnis der Weltgemeinschaft. Erst eine Region zu destabilisieren und sich dann nicht einmal um das Chaos kümmern, das man angerichtet hat. Eine Neigung die sich in vielen Krisen der jüngeren Geschichte wiederfindet.

Probleme

- Aufgrund der Gleichgültigkeit mit der die deutsche Literaturwelt mit dem Autogenozid der roten Khmer umgeht war es sehr schwer deutsche Literatur zu dem Thema zu finden weswegen die Verweise vorwiegend aus englischen Büchern und Website stammen.

- Der Umfang des Themas war mir bei Beginn der Hausarbeit nicht ganz klar weswegen ich im nach hinein viele Aspekte entfernen musste um im annehmbarem Rahmen zu bleiben.
- Zwei weitere Verfahren laufen noch.

Pol Pot starb am 15. April 1989 in Anlong Veng

Literaturverzeichnis

Chandler, D. P. (2000). *Brother Number One: A Political Biography of Pol Pot.* Chiang Mai, Thailand: Silkworm Books.

DC-Cam. (2007). *A History of Democratic Kampuchea (1975-1979).* Phnom Penh: Documentation Center of Cambodia.

France-Presse, A. (2016). Cambodian court upholds life sentences for Khmer Rouge leaders. *The Guardian*, via Onlinearchiv.

Geschichtsforum. (12. April 2015). Von http://geschichte-forum.forums.ag/t351-kambodscha-unter-pol-pot-der-alptraum-der-roten-khmer-massenmord-am-eigenen-volk abgerufen

Kellerhof, S. F. (2015). Rote Khmer: Pol Pots Wahn forderte täglich 1400 Menschenleben. *Die Welt*, via Onlineportal.

Kloth, H. M. (2008). Interview mit einem Massenmörder. *Speigel Online*, via Website.

Kranebitter, A. (kein Datum). Von Brillen und Schlangen: Der Diskurs über die Roten Khmer. *Grundrisse.net.*

Malone, A. (2009). The Englishman butchered in Cambodia's killing fields: The terrifying tale of the British tourist who blundered into horror of Pol Pot's Khmer Rouge. *Daily Mail*, via Onlinearchiv.

Morris, S. (1999). *Why Vietnam Invaded Cambodia: Political Culture and the Causes of War.* Stanford: Stanford University Press.

Nyary, J. (2013). Bücherverbrennung: Fanal der Unfreiheit. *B.Z*, via Onlinearchiv.

Owen, T., & Kiernan, B. (2006). *Bombs over Cambodia.* Kanada: The Walrus.

(2015). *Pol Pot – Cambodian Dictator.* https://www.internationalinside.com/pol-pot-cambodian-dictator/.

Sharp, B. (kein Datum). *Mekong Network Project.* Von http://www.mekong.net/cambodia/deaths.htm abgerufen

Wikipedia. (5. Januar 2017). Von https://en.wikipedia.org/wiki/Khmer_Rouge abgerufen

BEI GRIN MACHT SICH IHR WISSEN BEZAHLT

- Wir veröffentlichen Ihre Hausarbeit,
  Bachelor- und Masterarbeit

- Ihr eigenes eBook und Buch -
  weltweit in allen wichtigen Shops

- Verdienen Sie an jedem Verkauf

Jetzt bei www.GRIN.com hochladen und kostenlos publizieren